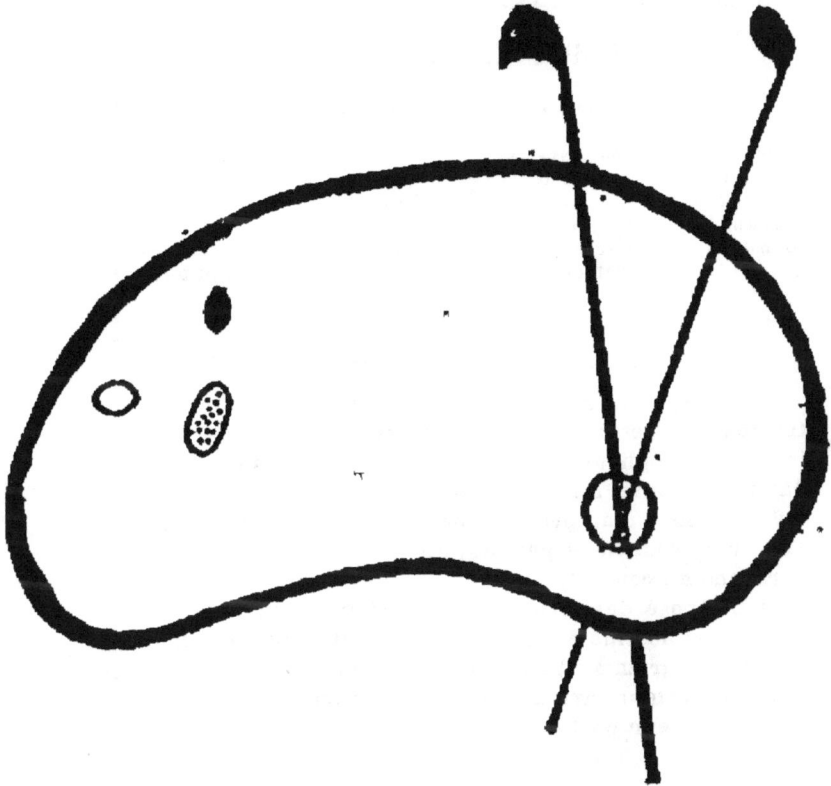

DEBUT D'UNE SERIE DE DOCUMENTS
EN COULEUR

LES
RICHESSES INCONNUES

CONCEPTIONS NOUVELLES

FANTAISIES SÉRIEUSES

C'est de la production consi- | C'est des idées des inventeurs
dérée au point de vue général | que dépendent généralement les
dans toutes ses branches, que | productions de tous genres,
dépendent la vie et la richesse | puisque rien ne se fut dans
des nations comme celle des | l'histoire du progrès sans une
individus   E. F. OUDRY. | idée première.   E. F. OUDRY.

CETTE BROCHURE CONTIENT :

1° Des aperçus nouveaux sur les diverses manifestations de l'activité humaine et sur les moyens d'en faire des applications meilleures que celles qui sont dans les mœurs, les usages actuels ;

2° L'exposé d'un procédé pour former un capital de 100 ou 200 millions par an, etc., sans préjudice pour personne au contraire ;

3° L'exposé des diverses applications auxquelles ce capital est destiné et des avantages qui en résulteront ;

4° Le programme d'une Société formée à ce sujet, etc. ;

5° Une valeur variable de 2 à 80 francs, selon l'usage que le porteur en fera.

NICE

TYPOGRAPHIE, LITHOGRAPHIE ET LIBRAIRIE S. CAUVIN-EMPEREUR
Rue de la Préfecture, 6 et place de la Préfecture, 1.

1884

LES RICHESSES INCONNUES

CONCEPTIONS NOUVELLES

C'est de la production consi
dérée au point de vue géné ral
dans toutes ses branches que
dépendent la vie et la richesse
des nations comme celle des
individus.   E. F. OUDRY

C'est des idées des inventeurs
que dépendent généralement les
productions de tous genres,
puisque rien ne se fait dans
l'histoire du progrès sans une idée
première.   E. F. OUDRY

~~~~

SOCIÉTÉ GÉNÉRALE DE PRODUCTION

parts d'intérêt de 1,000 fr.

CHAQUE PART DIVISÉE EN 40 COUPURES DE 25 FR.

~~~~

La présente brochure est un titre de sociétaire, elle donne
au porteur un droit de participation proportionnelle aux avantages généraux que présente la Société

Ce droit est égal à un cinquième de coupure de part d'intérêt.

La Société est fondée sur des bases nouvelles telles, qu'il
dépend de chaque Sociétaire de concourir lui-même à augmenter ses propres chances de gain, en contribuant à la prospérité
de la Société.

*Toutes demandes quelconques ou communications concer-
nant la* **Société générale de production** *et les valeurs
modernes doivent être adressées* franco à M. Oudry, à Nice,
Avenue de la Gare, 38.

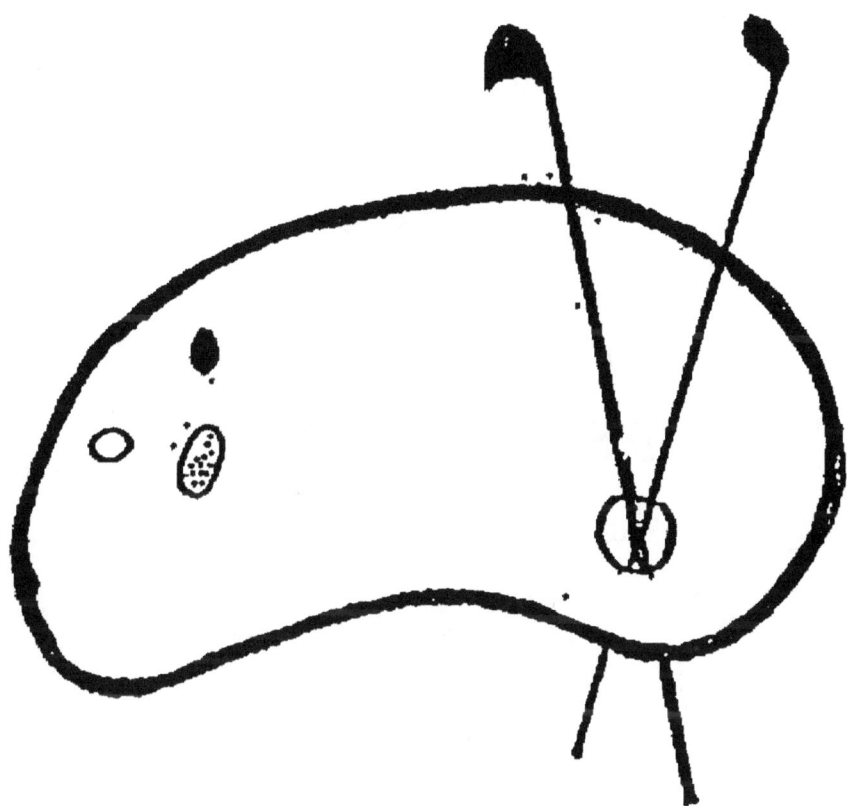

FIN D'UNE SERIE DE DOCUMENTS
EN COULEUR

LES
RICHESSES INCONNUES

CONCEPTIONS NOUVELLES

FANTAISIES SÉRIEUSES

©

CHARMANTES LECTRICES MES BIEN AIMÉES,

LECTEURS MES BONS AMIS,

Avez-vous eu connaissance autrefois, d'une piqûre de guêpe d'Alphonse Karr, qui qualifiait la Principauté de Monaco, « d'horrible et charmant coin de terre. » ?

Horrible...? Oui et non.

Charmant...? Non et oui.

Cela dépend du point de vue auquel se placent le corps et l'esprit de l'observateur.

Je vous dirai mon avis là-dessus dans une autre édition prochaine.

Il y a, toutefois, un homme et un établissement dont je puis vous parler, dès à présent, en toute connaissance de cause.

L'homme c'est M. Guillaume Voiron, l'établissement c'est l'hôtel de Russie qu'il a fondé à Monte-Carlo.

Doué d'une intelligence rare, d'une activité prodigieuse cet homme a pu créer, par son travail et sa vigilance, un établissement de premier ordre.

Il sait s'entourer, chose importante, d'un personnel complaisant, affable et empressé.

Les appartements, la cuisine, les vins, tout cela peut rivaliser avantageusement avec les établissements similaires les plus en renom : il y a là surtout un petit vin de Bourgogne qui a le rare et incontestable mérite d'être du jus de raisin pur.

C'est de mon pays.

AIMABLES LECTRICES,

CHERS LECTEURS,

Si je suis assez heureux pour que les idées que j'expose dans cette édition préliminaire vous soient sympathiques et si, comme je veux l'espérer, votre concours m'est acquis pour réaliser ces idées, selon mon intention, dans l'intérêt général, j'aurai l'honneur de vous inviter à un joyeux dîner à l'hôtel de Russie avant de faire une seconde édition.

Alors je vous dirai pourquoi, je vous parle de Monaco au commencement de celle-ci.

LES
RICHESSES INCONNUES

CONCEPTIONS NOUVELLES

FANTAISIES SÉRIEUSES

C'est de la production considérée au point de vue général
dans toutes ses branches, que
dépendent la vie et la richesse
des nations comme celle des
individus.   E. F. OUDRY.,

C'est des idées des inventeurs
que dépendent généralement les
productions de tous genres,
puisque rien ne se fait dans
l'histoire du progrès sans une
idée première. E. F, OUDRY,

~~~~~

CETTE BROCHURE CONTIENT :

1º **Des aperçus nouveaux sur les diverses manifestations de l'activité humaine et sur les moyens d'en faire
des applications meilleures que celles qui sont dans les
mœurs, les usages actuels ;**

2º **L'exposé d'un procédé pour former un capital de
100 ou 200 millions par an, etc., sans préjudice pour
personne au contraire ;**

3º **L'exposé des diverses applications auxquelles ce
capital est destiné et des avantages qui en résulteront;**

4º **Le programme d'une Société formée à ce sujet, etc.;**

5º **Une valeur variable de 2 à 80 francs, selon l'usage
que le porteur en fera.**

NICE

TYPOGRAPHIE, LITHOGRAPHIE ET LIBRAIRIE S. CAUVIN-EMPEREUR
Rue de la Préfecture, 6 et place de la Préfecture, 1,

1884

EN GUISE DE PRÉFACE

L'auteur, pour dire ce qu'il croit la vérité,
Veut d'être original prendre la liberté.
Le vrai qu'il dira, est de rare calibre,
Or de le montrer clair, il veut être libre.
Sous nulle forme, il n'aime l'arbitraire.
Il n'aime pas plus l'outrecuidance des sots;
A ceux-ci, parfois, il lui plait de déplaire,
Et de dire leurs faits, sans adoucir les mots.
Sortant des chemins, battus par la routine,
Et du cercle étroit, où le monde piétine,
Il va, dans l'infini, chercher l'inaperçu,
C'est là que l'on trouve ce que nul n'a conçu,

. . . .
Il ne faut pas, dans trop d'écrits, matin ou soir,
Que votre intellect coure la prétentaine;
En lisant bien ceux-ci, vous pourrez savoir,
Ce qu'il faut pour le bien de la gent humaine.
Vous y trouverez les intentions et l'esprit,
D'un monsieur qui s'appelle Thoulmont de Komprit;
Puis l'idée, la raison, les projets et la foi,
De son frère nommé Thoulmont de Pansassoi;
Puis aussi, les moyens de faire fortune,
Très bien indiqués, par Thoulmont de Blaganmieux;
Mais si Thoulmont de Blagan promet la lune,
Sachez que nul ne peut la décrocher des cieux.

ENCORE EN GUISE DE PRÉFACE

Pour exposer ses conceptions, l'auteur a tâché d'éviter les défauts du laconisme sans tomber dans ceux de la prolixité et de concentrer, aussi clairement que possible, des choses qui paraîtront sérieuses aux uns, plaisantes ou déplaisantes aux autres, mais qui sont, assurément, trop ignorées ou trop méconnues ou trop négligées par trop d'individus.

Les lecteurs qui partageront les convictions de l'auteur pourront apporter leur concours à l'exécution de ce qu'il propose ; des dispositions sont prises pour que, dans ce cas, ils puissent être les premiers à profiter des avantages qui en résulteront.

Que ceux qui ne partageront pas ces convictions tâchent de présenter quelque chose de mieux ; c'est d'abord le meilleur moyen de critiquer son œuvre ; puis c'est le meilleur moyen aussi de suivre une loi naturelle qui pousse les hommes vers la perfection les uns par les autres ; loi trop peu et trop mal observée sans doute, mais qui n'en est pas moins la loi génératrice, inéluctable, des idées qui tendent sans cesse à rendre les hommes plus heureux en améliorant les usages de la vie sociale, en adoucissant les mœurs, etc., etc.

C'est, en un mot, la loi des lois qui, dans l'ordre matériel et moral, remplace constamment les créations humaines par d'autres créations humaines de plus en plus perfectionnées.

L'humanité ne peut rester stationnaire, la loi de la nature veut que le progrès se fasse en avant ou en arrière, or l'humanité étant partagée en deux camps principaux, savoir : les hommes qui ont des idées avancées et ceux qui ont des idées arriérées, il s'agit de trouver les moyens pratiques, pouvant concilier les intérêts des deux camps au double point de vue spirituel et temporel.

QUELQUES CONSIDÉRATIONS GÉNÉRALES

Avant d'exposer les moyens par lesquels il est possible de réunir un capital de plus de 100 ou 200 millions, etc. sans préjudice pour personne, et avant de parler de l'emploi auquel ce capital est destiné, il me paraît nécessaire que le lecteur veuille bien faire avec moi une petite excursion dans le domaine blagologique, chimérique, etc., afin de bien établir quelques points de comparaison qui lui feront mieux comprendre les différences qui existent entre les idées acquises et celles qui ne le sont pas.

Donc pour commencer, un peu de blagologie.

— De la blagologie, qu'est-ce que cela ?

Comment, vous ne savez pas ce qu'est la blagologie ?

— Ma foi non.

La blagologie est un art que, comme tout le monde, vous pratiquez tous les jours tant bien que mal.

Je ne comprends rien à ce que vous dites, expliquez-vous.

Voici : La blagologie, c'est l'art d'habiller ses propres pensées, ses propres idées pour les présenter au public verbalement ou par écrit ; il y a même beaucoup d'individus qui, n'ayant point de pensées ou d'idées qui leur soient propres, travestissent les pensées, les idées des autres pour s'en faire des rentes comme un éleveur de lapins, avec cette différence que les lapins, en vertu de la loi, sont ordinairement la propriété de celui qui les élève et que les idées, les pensées que les travestisseurs, les plagiaires présentent au public, sont des propriétés dont

ils se sont emparés, qu'ils se sont plus ou moins assimi-
lées, maïs qui ne sont pas leur propriété *proprius*, et
ce qu'ils présentent n'est que le fruit de leurs larcins.

La blagologie est une science aussi vieille que le monde
et cependant toujours nouvelle, que chacun pratique avec
plus ou moins de talent et de succès.

La blagologie, blague au logis ou ailleurs.
Partout au premier rang, met les plus forts blagueurs,
Qui, cependant, ne sont pas toujours les meilleurs.
Beaucoup d'entre eux sont quelquefois agréables,
Mais le malheur, c'est qu'il en est trop de fâcheux ;
Leurs façons d'agir, trop souvent détestables,
Font qu'il vaut mieux s'éloigner, que s'approcher d'eux ;
Et si l'esprit public était plus habile,
A tous leurs discours, il serait moins docile.

Dans ceci, la pensée dominante, c'est que la situation
du public laisse beaucoup à désirer, et qu'il serait parfaitement possible de l'améliorer à certaines conditions.

En développant cette pensée, en la présentant sous d'autres formes on peut faire de très beaux discours plus ou
moins blagologiques, plus ou moins sérieux, mais la première chose à faire pour améliorer la situation sociale,
c'est que le public, qui est le premier et le principal
intéressé, veuille bien prendre un peu lui-même le soin de
son propre intérêt.

Les publications de conceptions nouvelles ont pour objet
principal, de lui en indiquer les moyens.

Maintenant vous comprenez ce que c'est que la blagologie, vous voyez déjà par les quelques lignes qui précèdent
que la manière de présenter des pensées, des idées avec
plus ou moins d'élégance, plus ou moins d'art blagologique, peut produire des effets qui ne sont pas toujours les
mêmes, et pourtant une pensée, une idée ne change pas
dans son essence, c'est pourquoi il est toujours bon d'ana-
lyser un discours pour dégager l'idée qui en fait la base,
c'est ce qui s'appelle savoir lire.

Il n'est pas rare de rencontrer des savants qui ne savent pas qu'ils ne savent rien, et qui savent encore moins que la nature ne leur a pas donné la faculté d'apprendre quelque chose qui ne soit pas déjà connu ; mais ce qui est curieux c'est de rencontrer des savants ne sachant pas même qu'ils ne savent lire, ni dans un livre, ni dans le passé et encore moins dans l'avenir, et c'est cette dernière catégorie de savants qui est la plus autoritaire, c'est elle qui veut toujours tout diriger, tout soumettre aux lois qu'elle copie dans des textes surannés en se cramponnant à des préjugés hors de service, d'où la raison, la logique et le sens commun sont exclus, et qu'elle prétend imposer à l'essor du génie ; mais le génie a toujours, et malgré tout, le privilège d'être le génie et d'éclairer la route qui conduit l'humanité vers son but.

Victor Hugo a dit :

> Tout marche au but, il ne faut pas maudire ;
> Le bleu sort de la brume, le mieux sort du pire ;
> Pas un nuage au hazard n'est répandu,
> Pas un pli du rideau du temple n'est perdu,
> Lentement l'éternelle splendeur se dévoile,
> Laisse passer l'éclipse et tu verras l'étoile.

Cela signifie simplement que tout ce qui est a sa raison d'être, même les savants ne sachant pas qu'ils ne savent rien ; quelle est cette raison ? Malgré son talent transcendant, Victor Hugo ne la connaît pas ; il peut nous en parler dans son sublime langage, avec son génie qui plane à des hauteurs prodigieuses, mais pour trouver la raison de tout ce qui est, pour expliquer le pourquoi et le comment il faudrait trouver le bout d'un bâton sans bout ! les bornes d'un espace sans bornes ! c'est-à-dire les limites de l'infini ! ! ! rien que d'y penser, cela donne le vertige.....

« Tout ce qui est a sa raison d'être » ; cette modeste phrase expose simplement que l'intelligence humaine a des limites en dedans desquelles il est plus sage de rester que de chercher à les franchir ; Victor Hugo ne se contente pas de cette expression si simple, il habille sa pensée avec cet art admirable qui le caractérise, il l'entoure avec cette élégance blagologique qui est le propre des senti- ments élevés, il veut faire espérer quelque chose, une étoile après l'éclipse ; il sait pourtant mieux que personne que l'espérance est trop souvent mère de la déception ; mais après tout, qu'importe la déception ? l'espérance est le grand mobile, c'est le ressort de la vie et la mort seule peut le briser.

Alexandre Dumas fils, un autre blagologue, de père en fils, qui est loin, lui aussi, d'être sans mérite, et un talent comme le sien vaut certainement bien une mention.

Il a, dans un discours académique, habillé une pensée qui court les rues depuis une époque « qui se perd dans la nuit des temps. »

La fortune, a-t-il dit, « la fortune que tout le monde envie ne fait pas le bonheur de ceux qui l'ont, parce que ceux qui l'ont ne savent pas s'en servir pour faire le bonheur de ceux qui ne l'ont pas. » Le vulgaire dit : « la fortune ne fait pas le bonheur, et il ajoute, mais elle y contribue. » Cela ne suffit pas au célèbre blagologue, il a voulu habiller une idée des plus simples en langage académique ; c'était d'ailleurs bien naturel puisqu'il est académicien.

M. Thoulmont de Blaganville, qui n'est d'aucune académie, fait à ce sujet une réflexion qui paraît judicieuse ; mais, dit-il, si on apprenait à ceux qui ont la fortune à s'en servir pour faire le bonheur de ceux qui ne l'ont pas, on ferait en même temps le bonheur de ceux-ci et le bonheur de ceux-là, on sèmerait le bonheur partout où il n'y a que du malheur ; c'est une question qui vaut la peine qu'on s'en occupe.

Or, M. Thoulmont de Blagapar a étudié sérieusement cette question et, il n'affirme pas qu'il peut donner à chacun un bonheur parfait, absolu, mais il affirme sans hésiter, que tous ceux qui voudront faire partie d'une société qu'il fonde, riches ou pauvres, y pourront trouver des améliorations à leurs conditions d'existence.

Et les blagologues politiques ? ah ! ceux-là c'est autre chose, j'en parlerai en temps opportun, pour le moment j'ai mieux à faire que de m'occuper de ces individus dont la plupart ne sont que de simpiternels rabâcheurs, bavards, ambitieux, sans talent, sans génie, n'ayant point d'idées, point de principes qui soient leur propriété, ne sachant rien chercher ni rien vouloir, que détruire ou fortifier ce que d'autres ont établi, selon qu'ils espèrent tirer un profit particulier en détruisant ou fortifiant quelque chose que d'autres ont fait, mais incapables de faire quoique ce soit par eux-mêmes. L'intérêt général dont ils font semblant de s'occuper n'est pour eux qu'un prétexte ; ils devraient être condamnés à conjuguer, tous les jours dix fois, le verbe *cambroniser* jusqu'à ce qu'ils aient cessé d'être *cambronisants*.

Revenons à M. Thoulmont de Blaganville ; si celui-là n'est pas célèbre parmi nos blagologues modernes, il a au moins l'avantage d'avoir des idées neuves, d'une haute portée, qui lui sont propres ; il a le rare mérite :

> De ne présenter que des blagues sincères
> Qu'il va conquérir au pays des chimères.

Nous irons tout-à-l'heure dans ce pays d'où l'on tire toutes les richesses qui embellissent le domaine de l'humanité.

PARLONS UN PEU DE JEU

Je ne sais plus quel auteur a dit : « le jeu est une des principales manifestations de l'activité humaine»; mais on peut dire plus, c'est que tout ce qui met l'activité humaine en mouvement, n'est rien autre chose que du jeu sous des formes plus ou moins variées.

Dans les diverses formes de jeu, il en est trois principales qui renferment toutes les autres.

1° Les jeux proprement dits qui se pratiquent dans les casinos, les cercles autorisés et les tripots qui ne le sont pas; ces jeux ne produisent rien, les joueurs n'ont généralement pour but que de s'emparer des richesses des autres et d'employer pour cela des moyens qui ne sont pas toujours d'une loyauté bien quintessenciée ; ces jeux pratiqués dans les conditions actuelles ne sont d'aucune utilité, au contraire, ils sont souvent la cause de ruines et de malheurs déplorables, et c'est de ces jeux dont on peut tirer le meilleur parti au point de vue de l'intérêt social, en y appliquant une combinaison exposée plus loin.

2° Les jeux de la diplomatie de la politique qui amènent les discordes, les guerres, etc.; ce sont les jeux de la destruction.

3° Les jeux du travail intellectuel et matériel qui produisent les choses nécessaires à la vie ; ceux-là sont les jeux de la production.

Avant d'aborder la question des jeux qui, au point de vue général, est la plus importante, puisque tout est jeu et rien n'est que jeu, ainsi que je le démontrerai tout-à-l'heure, avant d'aborder cette question qui renferme toutes les autres, je veux exposer quelques réflexions sur les idées acquises et les préjugés concernant les richesses, les propriétés, etc.

Je ne dirai pas, comme Proudhon, que la propriété c'est le vol, mais il se trouvera beaucoup de gens de mon avis si je dis que ce ne sont pas toujours les plus riches qui sont les plus dignes et les plus méritants, que les principes en vertu desquels ils possèdent la propriété immobilière ou mobilière ne sont pas toujours les meilleurs ni les plus irréprochables, et qu'enfin si la propriété n'est pas toujours le vol direct, brutal, le vol est trop souvent dans la manière d'acquérir ce que l'on possède, dans la manière dont on en use, et dont on en dispose.

J'ai un petit livre, écrit par Oscar Commettant, qui traite de la propriété intellectuelle, la vraie propriété celle-là, c'est par millions que de pareils ouvrages devraient être répandus pour propager les idées saines.

En venant au monde, personne n'apporte ni terres, ni maisons, ni autres propriétés matérielles et quand quelqu'un est en possession de ces propriétés, c'est en vertu de lois que des hommes ont faites et que d'autres hommes peuvent défaire, ce ne sont pas là des propriétés dans le sens du mot, ce ne sont que des propriétés de convention.

Je cite textuellement :

« L'accomplissement du progrès marche lentement dans le monde à la suite des travaux de l'esprit, qui en indiquent et préparent les voies, mais il est temps que l'esprit éclairé par lui-même se rende enfin justice, il est temps que l'homme doué par la nature, des plus précieuses qualités, cesse de travailler nécessairement à sa ruine en concourant au bien-être de tous. »

Que la société profite tant qu'elle voudra des chercheurs infatigables qui savent fertiliser leur esprit et leur savoir en créant de nouvelles richesses, mais qu'elle en profite honnêtement et que sous prétexte d'en profiter mieux encore, elle n'évince pas dans le partage de ces richesses l'auteur même qui en est la source.

Comment qualifier ce fait brutal de la société qui, pour

posséder plus sûrement tous les bénéfices d'une découverte, ne trouve rien de plus simple que de confisquer cette découverte à son profit.

La confiscation est une peine ou un abus; si vous admettez que les écrivains, les artistes, les inventeurs ne sont pas coupables, il faut bien reconnaître qu'ils sont victimes et si le principe vous paraît mauvais les conséquences ne peuvent vous sembler bonnes.

S'il est une propriété incontestable aux yeux du bon sens et de l'équité, c'est à coup sûr les travaux que nous devons aux efforts et aux ressources de notre esprit, le mot propriété dont le radical est *proprius* le dit assez.

En effet, l'idée qui est en vous, que vous arrachez de vous même par l'effet d'une volonté énergique et soutenue, vous appartient au même titre que votre propre personne dont cette idée n'est, à vrai dire, qu'un fragment et le plus précieux fragment de votre individu.

La raison se révolte à la pensée que la terre, par exemple, que nous n'avons ni créée ni découverte, que souvent même nous n'avons ni cultivée ni fait cultiver par un autre, nous soit plus propre aux yeux de la loi que les découvertes ou les travaux de notre imagination qui viennent de nous et par nous.

Cette vérité si lumineuse est encore discutée et il se trouve des gens pour assurer que les travaux intellectuels d'un individu doivent être la propriété de tous au nom de la civilisation et pour la plus grande prospérité de la société ; il est vrai que ces mêmes gens vous emprisonneraient au nom de cette même société, si vous vous permettiez de cueillir une pomme dans leur jardin ; la terre où ils récoltent leurs fruits est à eux seuls, votre cervelle où poussent vos idées doit être à tout le monde. »

C'est en conséquence de cette idée fausse, absurde et malhonnête que les gens sans scrupules, sans conscience s'empressent de s'approprier les avantages qui résultent d'une chose nouvelle qu'ils auraient été incapables de concevoir, pour l'exécution de laquelle ils n'auraient pas sacrifié un sou, mais qu'ils s'appliquent de leur mieux à contrefaire et à piller au détriment de celui qui en est le vrai propriétaire, sans se préoccuper de ce qu'il a dépensé de temps, de travail mental et d'argent pour l'élaborer.

Or, je veux constater ici une fois de plus, au nom de l'équité, de l'honnêteté et de la morale, que la conception qui a pour objet la formation d'un capital de 100 ou 200 millions par an, etc., sans préjudice pour personne, et toutes les combinaisons accessoires se rattachant à cette conception, sont la propriété de l'auteur qui en a établi les principes.

Cet auteur ne demande pas mieux que d'en faire profiter le public, puisque c'est dans ce but qu'il a élucidé cette conception, mais il veut faire tous ses efforts pour pouvoir en profiter un peu lui-même et ne pas se laisser dépouiller entièrement par les honnêtes malfaiteurs qui trouvent plus commode de modifier les conceptions des autres, que d'en chercher dans leur cervelle, où d'ailleurs il serait peut-être difficile d'en trouver de bonnes.

LES JEUX AU POINT DE VUE GÉNÉRAL

~~~~~~

Des écrivains, qui ne sont pas sans talent, ont essayé de prouver que le jeu est immoral, mais il ne serait pas difficile de trouver des arguments pour démontrer que tout est jeu, que la vie humaine elle-même n'est qu'une mise au jeu ; mais à quoi bon des arguments ? on n'argumente pas contre un fait, il faut se borner à l'observer pour en tirer des conclusions, puis de ces conclusions tirer le meilleur parti possible.

Si le jeu était immoral, il n'y aurait par conséquent rien de moral puisque tout est jeu, mais je n'argumente pas, je dis seulement que l'immoralité n'est dans aucun jeu, mais simplement dans la manière de jouer.

Assurément tout est jeu dans les actions humaines, la vie de l'homme c'est le jeu et le jeu c'est la vie de l'homme.

Le laboureur, parlons sérieusement, le laboureur ne joue-t-il pas son temps, sa peine, sa semence contre la pluie, la grêle ou la gelée qui peuvent anéantir sa récolte ? Le vigneron, le jardinier et tous les cultivateurs jouent le même jeu ; ces cultivateurs peuvent, il est vrai, s'adresser à une compagnie d'assurances qui, moyennant une prime, les dédommagera des pertes causées par les intempéries ; mais ce n'est toujours qu'une autre forme de jeu, puisque si la récolte n'est pas endommagée la prime payée sera perdue d'une part et gagnée de l'autre.

L'érudit, l'inventeur, le négociant, le marin, l'entrepreneur, l'ouvrier, etc., etc., est-ce que tout le monde n'avance pas une valeur, un enjeu quelconque, dans l'espoir de gagner quelque chose qui peut leur échapper par suite d'événements imprévus ? En effet, le temps et le travail mental sont les capitaux du savant, de l'inventeur, de l'ouvrier, comme l'argent est le capital du négociant, du banquier, etc.

Et la politique n'est-ce pas un jeu qui passionne plus ou moins tout le monde, et auquel les gouvernants et les gouvernés s'acharnent les uns contre les autres ? puis les gouvernants jouent entre eux la fortune et la vie des gouvernés, ... puis..... puis.....

Les gouvernés mettent, il serait plus exact de dire qu'on leur fait mettre, chaque année, des sommes énormes au jeu sous forme d'impôts directs ou indirects ; les gouvernants prennent l'enjeu, en disposent à leur gré et les gouvernés gagnent ... ? ... ?? ... ??? ... ???? ...

Tout n'est que jeu, tout n'est que loterie ; il n'y a dans tout ce que font les hommes, aucune certitude absolue d'obtenir le résultat que chacun cherche, l'aléatoire est plus ou moins grand, mais il est partout ; or l'aléatoire c'est le risque et le risque c'est le jeu.

Si on veut avoir sur cette question complexe des données vraies, exemptes de préjugés, il faut considérer que tous les jeux, c'est-à-dire tout ce qui met l'activité humaine en mouvement, prennent leur source dans l'imagination, dans le génie ; c'est là que naissent les idées ; puis les conceptions étant élaborées, formulées par l'intelligence et fécondées par le travail produisent : les unes, les richesses agricoles, artistiques, industrielles, etc., etc ; les autres détruisent les richesses de tout genre par les discordes, les révolutions, les guerres, etc ; puis enfin, d'autres encore qui ne produisent rien, mais qui mettent les richesses en mouvement, les font changer de propriétaire par les jeux de spéculation, de commerce ou autres jeux proprement dits, les jeux de bourse sur la hausse ou la baisse de prix des valeurs de portefeuille, la hausse ou la baisse de prix des denrées alimentaires et autres marchandises. Tous ces jeux ne font que changer de place les richesses existantes, mais n'en produisent aucune, pas plus que les jeux dits de

hasard, comme le baccarat, le 30-40, la roulette, les petits chevaux, la mascotte, etc., etc.

En dehors du jeu de la production personne ne peut s'enrichir sans appauvrir quelqu'un.

Les jeux dits de hasard ne sont ni bons ni mauvais par eux-mêmes et malgré les préjugés qui s'élèvent contre eux et les prohibitions, mal raisonnés, dont ils sont l'objet ils n'en ont pas moins un côté utile ; il ne s'agissait que de pouvoir le trouver, et maintenant qu'il est trouvé, il ne s'agit plus que de vouloir l'appliquer comme je l'indiquerai plus loin.

Par exemple le jeu de roulette : la variété et la multiplicité des combinaisons qu'il présente en font un des plus intéressants et dont il serait possible de tirer un parti très avantageux par les nombreuses applications que l'on pourrait en faire.

Ce jeu est un *intellectomètre*, c'est-à-dire que mieux que tout autre il peut servir à mesurer le degré d'intelligence de chaque joueur.

En considérant les jeux à de nouveaux points de vue, il serait facile d'éclairer l'opinion publique sur les préjugés dont le jeu de roulette est l'objet et de démontrer la possibilité d'en obtenir des résultats d'une utilité incontestable.

Il en est des jeux proprement dits, comme de toutes les choses qui sont la base des occupations humaines ; chacun se fait là dessus des idées fausses ou vraies selon qu'il est doué de plus ou moins de facultés d'observations, d'esprit d'analyse, de perspicacité, de patience, etc.

Il est évident qu'un joueur qui gagne s'était fait, avant d'avancer son enjeu, une idée vraie du résultat ; il est non moins évident qu'un joueur qui perd s'en était fait une idée fausse ; il est bien certain qu'un joueur gagnerait infailliblement s'il avait la faculté de se faire toujours une idée exacte de ce qui doit advenir lorsqu'il s'engage au jeu. Cette faculté peut s'acquérir d'abord par un apprentissage, des études sérieuses et une longue habitude, mais.

il est impossible à l'esprit le mieux doué, d'arriver à un degré de perfection tel, qu'un joueur puisse toujours gagner à coup sûr, à moins d'employer des procédés que la bonne foi et la loyauté ne permettent pas.

Malheureusement de tels procédés sont trop souvent mis en usage dans les jeux de bourse et de commerce, dans les cercles, les tripots, etc.

Bon nombre d'écrivains de mérite se sont occupés de la question des jeux, mais aucun d'eux, que je sache, ne les a envisagés du point de vue où je me place ; ils ont circonscrit cette question dans des limites trop restreintes, on a spécialisé au lieu de généraliser, mais on n'a pas changé la nature de la chose en la changeant de nom, et quel que soit le nom donné à une opération aléatoire, l'aléa subsiste toujours. Que l'on ait voulu distinguer par des noms différents les jeux qui produisent la richesse d'avec ceux qui la changent de place sans rien produire, cela se comprend, mais les uns et les autres n'en sont pas moins des jeux.

Les travaux des producteurs, des inventeurs ne sont pas considérés comme des jeux et cependant ce n'est rien autre chose ; car ces travaux comportent, dans la plupart des cas, les plus dangereuses et les plus grandes chances aléatoires.

Les inventeurs surtout sont exposés, le plus souvent, non seulement à des pertes de temps, de travail et d'argent, mais encore à être pillés par les contrefacteurs et tous les joueurs déloyaux qui veulent profiter de tous les avantages sans avoir à les payer ; le monde est plein de ces sortes de joueurs toujours prêts à s'emparer de la récolte des champs qu'ils n'ont ni cultivés, ni ensemencés.

Les écrivains qui ont traité la question des jeux ne se sont occupés que de ceux qui ne peuvent produire des avantages d'un côté qu'en causant, en même temps, un préjudice de l'autre sans compensation ; les réflexions que je présente au public ont une autre portée, mes idées à ce sujet tendent vers un autre but, ainsi qu'on le verra tout-à-l'heure.

Il y a longtemps déjà que j'ai lu une brochure concernant le rétablissement des jeux publics en France, j'en retrouve quelques passages dans les notes que j'avais prises alors ; l'auteur, dont je ne me rappelle plus le nom, dit que : « le meilleur moyen de refermer les tripots clandestins qui pullulent dans Paris, et autres grandes villes, c'est de rétablir les maisons de jeu public, *dans l'intérêt de la morale* », et il ajoute que cela pourrait créer des ressources à l'Etat et aux localités où ils seraient établis sous la surveillance de l'autorité. Cet auteur paraît n'avoir pas songé que, depuis que Law a inventé les jeux de bourse, les gouvernements ont pu supprimer les profits qu'ils tiraient des jeux publics ; produits relativement insignifiants en raison de ceux que peut produire la hausse ou la baisse des valeurs.

Evidemment l'auteur dont je parle n'a eu en vue que les jeux de roulette, de 30-40, etc., qui ont changé bien des fortunes de place, mais qui, par le fait, n'ont rien produit dans le vrai sens de ce mot, c'est-à-dire qu'ils n'ont fait qu'enrichir les uns en dépouillant les autres; avec ces jeux bien administrés, sagement réglementés, il y a quelque chose de beaucoup mieux à faire, ainsi que je l'indique dans le programme de la Société générale de production.

Depuis quelque temps on a supprimé, à peu près partout, les établissements où l'on jouait publiquement la roulette et le 30-40, c'est devenu une mode et aucun des gouvernants qui l'ont suivie ne paraît avoir songé que le jeu est, pour l'activité humaine, une nécessité des plus impérieuses ; en prohibant un jeu il n'y a pas de raison pour ne pas les prohiber tous, et les prohiber tous ce serait prohiber l'activité humaine elle-même, c'est logique mais les législateurs, les autoritaires font autre chose que de la logique.

Le commerce, la spéculation, les opérations de banque et de bourse ne sont que des formes de jeu bien autrement dangereuses que l'innocente roulette, qui ne devient pernicieuse que par l'abus qu'on en fait. A la bourse, les puissants, les gros manieurs d'argent, dans le commerce les gros spéculateurs, les accapareurs, ont des moyens de faire, à un moment donné, la hausse ou la baisse dans leur intérêt, tandis qu'à la roulette, il ne dépend de personne de faire tomber la bille sur rouge ou noire à volonté.

Les accapareurs de produits, avec les tromperies commerciales et les falsifications de denrées alimentaires, causent des préjudices incalculables à la bourse et à la santé des consommateurs et si on veut prohiber quelque chose en matière de jeu mauvais, c'est là qu'il faut frapper ; il y a certainement de très grandes et très utiles réformes à faire et parfaitement possibles à réaliser, mais les gouvernants s'occupent d'autres choses, et quand il s'agit d'intérêt public, rien ne serait plus naturel que de voir les intéressés s'occuper eux-mêmes de leur propre intérêt. C'est essentiellement de cela que traiteront les publications de conceptions nouvelles qui seront l'organe de la société générale de production.

Monsieur Thoulmont de Blaganville pose en principe, que l'organisation sociale de l'humanité est une œuvre sans cesse perfectible à laquelle chacun a le droit et le devoir de concourir selon ses moyens, et il ajoute que quiconque néglige ce devoir et n'use pas de ce droit, est mal fondé à se plaindre des iniquités et des désagréments dont il est plus ou moins victime, et qu'il ne doit pas profiter des avantages que peut produire une conception nouvelle à l'exécution de laquelle il aurait refusé de contribuer.

En principe on voit que M. Thoulmont de Blaganville est animé d'un noble sentiment d'équité et il n'y a que les gens déloyaux et malhonnêtes qui peuvent ne pas être de son avis.

Il affirme qu'il y a un moyen pratique très-simple pour que chacun puisse user de son droit et accomplir son devoir sans la moindre difficulté et ce, de façon à faire disparaître les principales causes de l'antagonisme qui divise les humains, à établir l'harmonie dans toutes les sociétés, et enfin, de façon à ce que la vie intellectuelle et matérielle soit assurée convenablement à tous les individus.

Blagues, chimères, utopies, diront les routiniers.

Oui, chimères et utopies, comme toutes les idées neuves qui ne sont pas matérialisées pour entrer dans la pratique, mais qui, forcément, feront leur chemin comme toutes celles qui sont de nature à donner satisfaction aux aspirations de la nature humaine, comme toutes celles dont la découverte et la mise en pratique font époque dans la vie des peuples, en améliorant leurs conditions d'existence.

UN PETIT VOYAGE INTELLECTUEL AU PAYS DES CHIMÈRES ET DES UTOPIES

~~~~~~

M. Thoulmont de Blaganville

Ne veut présenter que des blagues sincères,
Qu'il va conquérir au pays des chimères.

L'utopie et la chimère c'est le vrai, en voici quelques preuves bien connues de tous, mais cela ne suffit pas pour faire voir clair aux aveugles et encore moins pour éclairer ceux qui s'obstinent à fermer les yeux pour ne pas voir.

Ils sont nombreux les individus qui, ne pouvant pas faire une chose, ni concevoir comment on peut la faire, en concluent hardiment qu'elle est impossible.

Ces individus ne comprennent pas que les idées, les théories qui ont pour objet de faire concourir les combinaisons de l'intelligence et les forces physiques de la nature au bien-être de l'humanité, ne paraissent des chimères et des utopies qu'aux esprits superficiels; ils ne comprennent pas qu'il serait possible de diriger les manifestations de l'activité humaine autrement qu'elles le sont dans l'état actuel des choses et de leur faire produire des résultats beaucoup plus avantageux.

De ce que quelqu'un ne peut ni accomplir ni concevoir une chose, s'en suit-il qu'un autre ne puisse pas la réaliser? Une pareille assertion trouve le démenti dans les faits de chaque jour.

Toute idée neuve est, à son début, considérée comme blague, chimère, utopie et traitée en conséquence.

L'emploi de la vapeur d'eau comme force motrice fut, pour les contemporains de Salomon de Caux et de Papin, une chimère que Fulton réalisa ; c'est devenu une puissance qui transforme le monde !! C'était une bonne blague, une belle chimère. Vint ensuite l'idée de la locomotive qui fut aussi une chimère pour ceux qui ne connaissaient que la diligence et les avantages qu'elle avait sur la charrette ; la diligence fut donc ainsi l'utopie des moyens de transport moins avantageux que ceux qu'elle offrait, c'est ainsi que le télégraphe électrique fut l'utopie du télégraphe à bras, que celui-ci fut la chimère du courrier à cheval, que le gaz qui nous éclaire fut l'utopie du quinquet, qui fut lui aussi la chimère de la chandelle, etc., etc.

Maintenant que deviendront la vapeur et le gaz devant l'électricité ?

Il est question aujourd'hui de remplacer la chimère que Fulton réalisa par une autre chimère qui économiserait chaque année 80 % sur 400 millions que coûte le chauffage des machines à vapeur, soit 320 millions par an (*relevé des statistiques officielles*) ; des études spéciales sur les propriétés des fluides aëriformes ont démontré la possibilité de créer des moteurs qui donneraient ce résultat.

On parle aussi d'un nouvel instrument d'agriculture qui économiserait 7 à 8 millions d'hectolitres de blé sur la quantité semée chaque année en France, tout en rendant les récoltes plus abondantes, puis d'un système de navigation qui serait à la navigation actuelle ce que les chemins de fer ont été aux diligences, puis encore d'un moyen infaillible pour préserver les vignes de la gelée, etc., etc.

Ces inventions se réaliseront dès que la vente des valeurs modernes aura produit un capital suffisant pour faire les expériences ; et qui peut savoir maintenant combien de centaines de millions elles produiront ?

Un écrivain, un bon blagologue celui-là, je crois que c'est un journaliste, parmi cette espèce de blagologues qui est bien la plus féconde, il s'en trouve beaucoup de bien intentionnés, au moins en apparence ; on en rencontre quelquefois qui émettent de bonnes idées et si elles ne sont pas toujours la propriété de celui qui les publie, il a du moins le mérite de les propager, et ce mérite s'accroît en raison de son désintéressement personnel, c'est-à-dire en raison du bon marché qu'il fait, dans l'intérêt général, de son talent et de son pouvoir propagateur.

Toutefois il y aurait équité et loyauté de sa part, sinon à indiquer l'origine des choses qu'il propage mais à dire si elles sont ou non sa propriété. Celui dont je veux parler à écrit ceci, auquel j'ai ajouté quelque chose :

« Tant que par des institutions de prévoyance ou par des organisations sociales on n'aura pas assuré l'existence de tout être vivant, fut-il paresseux, fut-il une absolue non valeur on n'a pas le droit de repousser un système, une combinaison qui peut assurer l'existence à un individu, car il n'y a point d'individu complètement inutile, attendu que tout ce qui est a sa raison d'être, ne fut-ce que comme point de comparaison. »

Le progrès vers le bien-être des sociétés et des individus ne se compose que d'utopies réalisées et de chimères qui se réaliseront, c'est-à-dire de choses conçues par les novateurs et regardées comme impossibles à réaliser par ceux qui ne le sont pas.

La société protectrice des animaux est assurément une institution très louable, mais un perfectionnement aux sociétés que l'espèce humaine organise pour se protéger elle-même, ne l'est pas moins.

C'est une utopie dans un autre ordre d'idées comme la liberté fut l'utopie de l'esclavage, comme le suffrage universel fut l'utopie du suffrage privilégié, comme la liberté plus grande est encore la chimère de la liberté restreinte.

La paresse, que l'on blâme, n'est qu'une infirmité ou une maladie provenant d'un vice d'organisation ; celui qui en est atteint n'est pas plus blâmable que celui qui est bossu ou idiot ou fiévreux ; ils ont également droit à la pitié, à l'assistance, à la protection.

ENCORE LA QUESTION DE PROPRIÉTÉ

Il m'a semblé indispensable, pour le sujet qui m'occupe, de bien établir qu'une idée neuve est la propriété de celui dans le cerveau duquel elle a pris naissance, que cette propriété est la plus incontestable, la plus indiscutable des propriétés, que le fait de modifier le principe qui en est la base pour s'en approprier les avantages, constitue un larcin des mieux caractérisés, c'est un attentat contre la propriété la plus légitime parce qu'elle est la plus naturelle.

Or l'idée de former un capital de 100 ou 200 millions par an, etc., au moyen d'un procédé qui ne peut causer de préjudice à personne et comportant des avantages extraordinaires pour tous ceux qui auront concouru à cette formation, est donc parfaitement la propriété de celui qui a eu cette idée et qui a passé son temps à l'élucider pour la rendre pratiquable.

J'ai démontré que tout ce qui met l'activité humaine en mouvement n'est rien autre chose que le jeu sous des formes diverses ; les idées, les passions, les désirs plus ou moins violents, plus ou moins impérieux qui provoquent ce mouvement ont une tendance vers un but que l'on n'est jamais absolument sûr d'atteindre, il serait puéril d'insister sur ce point ; le risque, l'aléa sont plus ou moins grands, mais ils sont partout, dans tout, même dans le travail manuel et à plus forte raison dans le travail mental.

Les inventeurs qui veulent matérialiser leurs idées pour les rendre tangibles, sont en même temps les plus utiles et les plus malheureux des joueurs ; la passion qui les anime les conduit, le plus souvent, à la pauvreté pendant que les

pillards, les parasites s'enrichissent avec leurs conceptions et leurs travaux ; des exemples trop nombreux prou-
vent assez cette vérité et si j'insiste à m'étendre sur ce
sujet c'est que j'ai à raconter une petite histoire, qui ne
manque pas d'intérêt au point de vue de la question qui
m'occupe.

Il s'agit de l'histoire des valeurs modernes qui ont été
créées pour former un capital indéfini, non-seulement sans
qu'il puisse en résulter aucun préjudice pour personne,
mais en réalisant des avantages incontestables pour tous
ceux qui voudront faire usage de ces valeurs.

L'idée de cette création remonte à 1845, mais elle n'a
été définitivement élaborée et mise à jour que vers 1853,
et ce ne fut qu'en 1854 et 1855 que ces valeurs furent connues du public sous la dénomination de bons du système
Oudry, ainsi que le constate un acte de Monsieur
Ducloux, notaire à Paris, et d'autres documents.

A l'époque où l'invention des bons du système Oudry a
été pratiquée pour la première fois, elle a paru si avanta-
geuse, si séduisante, dans son principe, qu'un grand nombre d'industriels, voire même un ecclésiastique, s'en sont
emparés pour l'exploiter, en faire des applications diverses,
chacun a voulu, à sa manière, s'approprier le mérite et les
avantages de cette conception ; mais pour que la contre-
façon ne fut pas trop évidente, les contrefacteurs furent
obligés de s'écarter du but que l'inventeur avait en vue et
par cela même, la plupart des applications qu'on a voulu
faire de l'invention n'ont pu avoir qu'un succès éphémère
sans portée.

C'est que l'importance de cette invention n'a pas été
entrevue par les contrefacteurs, aucun d'eux n'a vu les
avantages de l'application qu'on en peut faire ni les
résultats qu'elle peut produire. Le principe qui a donné
naissance aux bons du système Oudry n'a été employé
que de différentes manières plus défectueuses les unes
que les autres et dont aucune n'a visé le but pour lequel
ils ont été créés.

Les contrefacteurs en ont dénaturé le principe pour l'exploiter, mais aucun d'eux n'a ni découvert ni compris les côtés vraiment importants et sérieusement utiles de cette invention ; aucun d'eux, par conséquent, n'a pu en faire ressortir les avantages qu'elle comporte, parce qu'on n'en a fait usage que dans un but d'intérêt particulier, tandis qu'elle a été élaborée dans un but d'intérêt général.

L'histoire de ces valeurs, les causes qui ont motivé leur création, les avantages multiples pouvant résulter du principe qui en fait la base, tout cela est d'un intérêt de premier ordre et pourtant resté en grande partie inconnu jusqu'ici, pour des raisons que l'auteur se réserve de faire connaître ultérieurement, raisons qui peuvent servir à résoudre des questions capitales sans cesse agitées et sur lesquelles des hommes du plus grand mérite ne sont pas encore parvenus à se mettre d'accord.

Cependant après toutes sortes de vicissitudes, le principe qui a servi de base aux valeurs du système Oudry a été appliqué par deux Sociétés qui l'ont modifié à leur manière et qui paraissent avoir quelque succès malgré que l'application soit défectueuse, incomplète, et qu'elle s'éloigne du but à atteindre ; cette application ne peut aboutir qu'à une concurrence déloyale entre commerçants et apporter des entraves à la liberté des acheteurs.

Aujourd'hui il s'agit de mettre en circulation les valeurs du système Oudry et d'en faire l'application pour laquelle elles ont été créées, et sans laquelle elles n'ont pas de raison d'être, autrement que de servir à un jeu inutile, auquel personne ne peut gagner sans que quelqu'un perde.

Ces valeurs prennent la dénomination de VALEURS MODERNES.

Voici l'idée qui leur a donné naissance :

En principe tous les avantages de la civilisation, toutes les richesses publiques et particulières, n'ont point d'autre origine que des inventions anciennes ou récentes.

Tous les instruments de travail et de production, toute

cette multiplicité de choses diverses qui alimentent l'activité industrielle et commerciale, au moyen de laquelle
chacun trouve le travail, la vie et la fortune, tout cela est
dû à la puissance mentale des novateurs.

Or, le plus sûr et le meilleur moyen de s'enrichir ce
serait d'encourager, de favoriser l'esprit d'invention.

Mais par une de ces inconséquences qui naissent d'idées
fausses, de préjugés déplorables, c'est tout le contraire
qui a lieu ; il en résulte que l'on pourrait compter par
milliards les éléments de richesses qui se perdent sans
profit pour personne, comme se perdaient les bienfaits de
l'imprimerie avant Guttemberg, ceux de la pomme de
terre avant Parmentier, les résultats des machines à
vapeur avant Fulton, ceux de la photographie avant
Daguerre, etc., etc.

Des documents publiés en 1863 établissent que douze
inventions ou perfectionnements avaient produit à cette
époque 288 millions 200,000 fr.

En voici le relevé :

La machine à coudre Howe	fr.	2.500.000
La machine Heilmann pour peigner les fibres textiles		10 000.000
Sorel, galvanisation du fer		12.000.000
Goodyer, caoutchouc vulcanisé		20.000.000
Watt, perfectionnement à la machine à vapeur		64.000.000
Arkwight, filature mécanique du coton		168.000.000
Une sonnerie électrique		50.000
Un perfectionnement à l'éclairage au gaz		500.000
Le droit d'exploiter seulement en France les procédés Ruolz et Elkinton		650.000
Invention d'une pâte imitant l'écaille		1.000.000
Fermoir de porte-monnaie		2.000.000
L'invention pour filer le lin a été payée en Angleterre seulement		7.500.000
TOTAL		280.200.000
En supposant que pour mettre ces inventions à jour il ait fallu 100.000 fr. pour chacune, c'est à déduire		1.200.000
Il reste donc, bénéfice, richesse acquise		287.000.000

Combien ces inventions ont-elles produit encore depuis 1863 ???

. . . .

Il faut remarquer que ce sont là des fortunes faites avec des valeurs créées par les inventeurs, et non des fortunes faites avec des valeurs changées de place par la spéculation, le commerce, etc.

Quand les inventeurs font leur fortune, ce qui est trop rare, c'est en enrichissant le domaine public ; les commerçants, les spéculateurs, les financiers font leur fortune avec ce que produisent les inventeurs, les travailleurs.

Une seule invention peut donner naissance à dix autres inventions et produire un accroissement de richesses et de bien-être impossible à prévoir.

Sait-on combien l'idée de Daguerre a fait réaliser de fortunes à tous ceux qui se sont occupés de la photographie pour lui fournir les produits chimiques qu'elle emploie ? Sait-on combien elle a donné de satisfactions, de contentements à ceux qui ont profité des facilités, qu'elle offre pour avoir et conserver les traits de personnes aimées ou de personnages célèbres ?

Qui pourrait évaluer aujourd'hui la somme de bien-être moral et matériel que l'idée de Guttemberg a répandue sur l'humanité ?

Pour quiconque a la faculté de réfléchir, les deux seules découvertes de Guttemberg et de Daguerre suffiraient pour faire comprendre combien il est utile et avantageux, combien il importe de contribuer à faciliter, à encourager l'esprit d'invention, car c'est incontestablement la source la plus féconde, on peut même dire la seule source de la fortune publique et privée.

Quand une invention est réalisée il se trouve plus de financiers qu'il n'en faut pour l'exploiter ; mais avant le succès personne ne veut avancer la moindre somme dans la crainte de la perdre, et c'est précisément cette crainte de perdre qui est, je ne dis pas la seule cause, mais une des principales que l'on perd des milliards parce qu'on ne veut pas avancer quelques milliers de francs.

Donc avec les idées fausses et les préjugés qui règnent et devant des difficultés rebutantes et presque toujours insurmontables, il fallait trouver un nouveau moyen de réunir des capitaux pour réaliser des conceptions nouvelles, sans exposer personne à perdre.

L'emploi, l'usage des valeurs modernes peut donner ce résultat, c'est d'ailleurs tout spécialement pour cela qu'elles ont été créées.

L'idée qui a présidé à cette création ne s'est pas bornée à des questions purement matérielles, des questions de mécanique, de physique ou de chimie, elle s'étend, elle s'applique surtout aux combinaisons, aux productions de la pensée parce que celles-ci sont la source des autres.

PRINCIPE DES VALEURS MODERNES

—

UTILITÉ DE LEUR CRÉATION

—

Produire, vendre et acheter, ces trois mots résument les principales occupations du monde laborieux.

Chacun est, tour à tour, producteur, vendeur ou acheteur de quelque chose. Ce sont là des jeux indispensables à l'entretien de la vie des peuples comme à celle des individus et chacun veut les jouer dans les meilleures conditions et avec le plus d'avantages possibles.

L'usage des valeurs modernes est le meilleur moyen d'atteindre ce but : *(voir les spécimens à la fin de cette brochure.)*

Ces valeurs peuvent représenter une partie du prix ou le prix entier de choses nouvelles ou déjà connues, mais elles sont créées plus spécialement pour représenter les frais généraux qui se font d'ordinaire dans le commerce et l'industrie sous forme de courtage, d'escomptes, de remises d'affiches, d'annonces, de prospectus, etc., etc. Avec les moyens ordinairement en usage, ces frais généraux ne peuvent avoir lieu qu'au préjudice de l'acheteur qui paie plus, ou du vendeur qui gagne moins. Mais en étant transformés en papier monnaie, ils peuvent être mis en circulation comme la monnaie de métal, et devenir profitables au vendeur en même temps qu'à l'acheteur.

En effet, il est important de remarquer que les valeurs modernes avec leurs coupons ont une valeur supérieure à celle des espèces ; c'est-à-dire qu'elles laissent, entre les mains de ceux qui s'en servent, une valeur que n'y laisse pas le numéraire employé seul.

Par exemple, dans les opérations faites selon l'usage ordinaire, lorsque les objets vendus sont livrés et payés tout est fini.

Dans les opérations où les valeurs modernes sont employées, outre le bénéfice réalisé par le vendeur et l'économie faite par l'acheteur, il reste entre les mains de l'un et de l'autre, des coupons qui sont titres de participation aux avantages, qui résulteront des opérations de la Société générale de production.

Transformer en valeurs, de circulation, au profit des acheteurs, une partie des frais généraux que font habituellement les vendeurs, c'est assurément un avantage incontestable, cependant cet avantage pourrait n'être pas suffisant pour faire entrer dans la pratique l'usage de ces valeurs, mais si l'on observe qu'elles sont créées spécialement pour former le capital de la Société générale de production, lequel capital est destiné à réaliser de ces conceptions nouvelles qui, de temps à autre viennent apporter une plus grande somme de bien-être général ou atténuer les misères publiques et particulières, alors on comprend l'utilité de cette création, l'on comprend que son application devient pour les vendeurs et les acheteurs, c'est-à-dire pour tout le monde, un moyen facile de s'intéresser, sans risques de pertes, à la réalisation de diverses conceptions et d'entreprises fructueuses, et de satisfaire ainsi dans certaine mesure, ce désir constant d'amélioration qui est la source de toute prospérité.

SOCIÉTÉ GÉNÉRALE DE PRODUCTION

PROGRAMME

EXPOSÉ DES PRINCIPALES OPÉRATIONS

C'est de la production considérée au point de vue général
dans toutes ses branches, que
dépendent la vie et la richesse
des nations comme celle des
individus.　**E. F. OUDRY.**

C'est des idées des inventeurs
que dépendent généralement les
productions de tous genres,
puisque rien ne se fait dans
l'histoire du progrès sans une idée
première.　**E. F. OUDRY.**

La Société générale de production a pour objet entre
autres, la publication de brochures destinées à représenter les intérêts des producteurs, c'est-à-dire des inventeurs
et des travailleurs qui produisent les richesses publiques
et particulières.

En jetant un coup d'œil sur les épigraphes qui précèdent, on peut comprendre que la Société générale de production est une création d'ordre exceptionnel, dont la
place est au premier rang parmi les plus utiles ; elle a
pour devise :

**S'enrichir en enrichissant les autres au lieu de
s'enrichir à leur préjudice.**

Les établissements commerciaux et financiers accumu-
lent les richesses existantes par des moyens connus ; cette
accumulation aboutit souvent à des pertes considérables,
faillites, banqueroutes, etc. La Société générale de production crée des nouvelles richesses, par des moyens nou-

veaux, exempts de risques de pertes ; elle peut faire toutes les opérations que font les établissements commerciaux, financiers, etc., mais ces établissements ne peuvent pas faire ce qu'elle fait sans se servir des éléments qui sont sa propriété.

Les brochures qu'elle publiera sous le titre de CONCEPTIONS NOUVELLES, FANTAISIES SÉRIEUSES, ont pour but l'étude, la réalisation et la mise en pratique, par la Société, de tout ce qui, dans un ordre d'idées quelconque, peut produire une amélioration dans les conditions d'existence de l'humanité, tout ce qui peut donner à chacun une plus grande somme de satisfaction et de bien-être matériel et moral.

Les publications de la Société, considérées sous le rapport matériel seulement, sont déjà d'une valeur inestimable par les indications qu'elles renferment sur les moyens de s'enrichir honorablement ; considérées sous un autre rapport, elles offrent encore un plus grand attrait, par les aperçus nouveaux qu'elles contiennent ; les questions les plus importantes, qui intéressent tout le monde, y sont envisagées à des points de vue encore inconnus, d'où l'on peut distinguer les idées fausses et les idées vraies que chacun se fait sur les hommes et les choses.

Ces publications sont une sorte d'encyclopédie fantaisiste humoristique, où le sérieux et la gaîté marchent souvent ensemble pour montrer les vices de l'organisation sociale, et pour indiquer les moyens de l'améliorer ; elles contiennent des critiques raisonnées : sur les propriétés et les propriétaires, les producteurs et les consommateurs, le commerce et les commerçants, les jeux et les joueurs de toute catégorie, les gouvernants et les gouvernés, les médecins et la médecine, les lois et les législateurs, etc.

On voit que ces publications ne se borneront pas à résoudre des questions d'intérêt matériel, elles feront la plus large part aux choses de l'intelligence parce que c'est de celles-ci que les autres découlent.

Les questions sociales y seront traitées de manière à

combattre les préjugés, l'ignorance, les abus, et à faire pénétrer la raison dans les esprits, à stimuler les sentiments de bienveillance, de loyauté, d'équité, afin de faire comprendre que dans une société bien organisée il importe que chacun mette sa façon d'agir en harmonie avec les nécessités de la vie et des intérêts sociaux.

Les publications de conceptions nouvelles indiqueront spécialement les productions et les établissements qui se distinguent par leur mérite concernant les sciences, l'hygiène, l'alimentation, les arts, l'industrie, etc., etc.

Ces publications auraient, à elles seules, une valeur, une importance suffisantes pour motiver la formation d'une Société industrielle.

UNE REMARQUE

~~~~~~

Quand il arrive une calamité, une catastrophe, inonda-
tion, choléra, incendie, etc., etc., vite, il faut de l'argent
pour secourir les victimes, alors on provoque des fêtes, on
les organise, on fait de la réclame, la blagologie va son
train et un public plus ou moins nombreux va danser,
banqueter, s'amuser, dépenser son argent, dont une partie, seulement, souvent la plus petite, va soulager les
malheureux ; mais sapristi ! il me semble qu'un malheur
quelconque est toujours trop peu réjouissant pour que ce
soit une occasion de se réjouir, et on peut penser que le
public qui se rend à ces fêtes y va plutôt par vanité, par
ostentation, que poussé par un sentiment généreux, mais
qu'importe, je veux croire à l'élan du cœur.

Il est à remarquer aussi, que l'on attend l'arrivée du
malheur sans avoir prévu qu'il pouvait venir, il en résulte
que, pour le réparer, il faut faire tout à l'improviste et
que les moyens employés sont trop lents et trop souvent
insuffisants ; ne vaudrait-il pas mieux se tenir, d'avance,
prêt à réparer un désastre, qu'un événement imprévu peut
toujours amener ?

L'emploi des valeurs modernes en offre le moyen sans
bruit, sans ostentation, d'une manière très-simple.
L'usage de ces valeurs donne à la Société générale de
production, la possibilité d'avoir toujours quelques dixaines
de millions disponibles en cas d'accidents sinistres.

L'usage des valeurs modernes est une ressource cons-
tante, perpétuelle, pour donner un peu de bien-être, un peu

de consolation aux délaissés, aux vieillards, aux défaillants, etc.

Au moyen des valeurs modernes, la Société générale de production constitue une caisse de prévoyance et de secours, qui est une assurance universelle contre les catastrophes, les calamités, les misères, les fléaux petits ou grands dont l'humanité est trop souvent affligée ; contre les dommages, les pertes, les préjudices quelconques auxquels chacun est exposé.

En faisant usage des valeurs modernes, pour acheter les choses dont on a besoin, on devient en même temps assureur et assuré, non seulement sans qu'il en coûte rien mais en réalisant un bénéfice de 100 %.

Exemple : vous achetez pour 10 francs de valeurs modernes, et il vous en est livré pour 20 francs; or, en utilisant ces valeurs pour acheter les choses dont vous avez besoin vous vous trouvez remboursé de vos 10 francs, avec un bénéfice de 10 autres francs, soit 100 % et il vous reste, en outre, les coupons d'acheteur qui sont des titres vous donnant un droit de participation proportionnelle aux avantages de la Société Générale de production.

En un mot l'usage des valeurs modernes offre les moyens de former un capital de 100 ou 200 millions par an, etc., non seulement sans qu'il puisse en résulter aucun préjudice pour personne, mais en réalisant des avantages inconnus jusqu'ici, au profit de tous, ceux qui voudront employer ce moyen pour acheter les objets dont chacun a besoin pour sa consommation, son industrie, son commerce, etc.

Il est parfaitement constaté que les intermédiaires entre les producteurs et les consommateurs prélèvent des bénéfices qui s'élèvent généralement de 20 à 30 % sur la plupart des objets de nécessité usuelle et souvent de plus de 100 % sur les objets de luxe.

Supposons des valeurs modernes représentant 5 % de réduction sur le prix de ces objets ; supposons que vos dépenses doivent s'élever à 20 fr. par semaine ; or, avant de les faire, procurez-vous pour deux francs de valeurs modernes.

Ces valeurs, qui doivent être vendues pour la moitié du chiffre qu'elles représentent, ne vous auront coûté qu'un franc. Allez ensuite chez tel fournisseur qui vous conviendra, mettez-vous d'accord avec lui sur le prix des objets dont vous avez besoin, et lorsque vous paierez donnez-lui, en numéraire le prix convenu, moins un franc que vous lui paierez avec le coupon de vendeur de votre valeur moderne, en gardant pour vous le coupon d'acheteur.

Le premier résultat de cette opération est que vous gagnerez un franc pour un franc déboursé soit 100 % de bénéfice.

Le second résultat c'est qu'il vous reste entre les mains un coupon de participation proportionnelle aux avantages de la Société générale de production.

Le premier résultat pour le fournisseur, c'est que, malgré la réduction de prix consentie par lui, il a néanmoins réalisé un bénéfice en vous vendant les objets dont vous aviez besoin, et le second résultat c'est le coupon que vous lui avez remis et qui est également pour lui un titre de participation aux avantages de la Société de production.

On comprend que ces avantages sont une large compensation aux légers sacrifices qu'il a fallu faire pour y avoir droit, que d'ailleurs on se trouve déjà remboursé de ces sacrifices par un premier bénéfice réalisé.

Supposons maintenant que vos achats s'élèvent à 2.000 fr. par an et que pour les faire vous vous serviez de valeurs modernes; vous aurez versé dans un an, 50 fr. à la Société de production, ces 50 fr. vous seront remboursés avec 100 fr. de valeurs modernes au moyen desquelles vous pourrez réaliser 50 fr. de bénéfices et vous aurez, en outre, acquis gratuitement le droit de participer aux avantages de la société de production.

Si, pour une cause quelconque, il ne vous convient pas

de vous munir de valeurs modernes, avant de faire vos achats vous pourrez vous faire délivrer des coupons d'acheteur en les demandant à vos fournisseurs qui, pour profiter des avantages qu'offre la Société de production, ne manqueront pas de se pourvoir de valeurs modernes, aussi bien dans leur propre intérêt, que pour satisfaire leurs clients.

Dans ce cas, les coupons d'acheteur vous seront donnés gratuitement, mais vous n'aurez pas profité du bénéfice de 100 % que vous auriez réalisé en vous munissant vous même de valeurs modernes.

Si le nombre des sociétaires s'élève à un million, chacun versant 50 fr. cela formera un capital qui s'accroîtra, chaque année, de 50 millions; si le nombre des sociétaires s'élève à deux millions, le capital sera de 100 millions, etc., etc., auxquels il faut ajouter le produit des inventions, dont le chiffre ne peut être fixé, même approximativement, avant la réalisation ; il s'en suit que, chaque sociétaire est intéressé à propager l'usage des valeurs modernes puisqu'il augmente, par cela même, ses propres chances de gain en contribuant à la prospérité de la Société.

Avec les valeurs modernes il sera organisé une grande loterie perpétuelle, dans des conditions telles, que les porteurs de billets pourront d'abord réaliser un bénéfice avant ou après les tirages, de sorte que les perdants gagneront quand même, tout en gardant leurs billets avec lesquels ils auront toujours la chance de gagner un lot variant de 500 fr. à 100,000 francs, etc.

Cette conception nouvelle sera mise en pratique dès qu'il y aura un nombre de sociétaires suffisant pour en assurer le succès ; tout porteur de coupons de valeurs modernes est, par cela même, sociétaire.

MOYENS D'ENRICHIR LES PERDANTS AUX JEUX
IMPRODUCTIFS

~~~~~~

Les jeux improductifs sont ceux qu'on joue dans les cercles, les casinos autorisés et les tripots clandestins ; le piquet, l'écarté, le baccarat, le 30-40, les petits chevaux, la roulette, la mascotte, etc., les loteries, les jeux de bourse et les paris aux courses de chevaux ou autres paris peuvent être classés parmi les jeux *improductifs*.

Ces jeux sont attrayants par l'espoir de grands bénéfices facilement réalisés, ils jettent dans les esprits la passion des gains faciles, et font naître le dégoût du travail productif, alors le désir de jouer devient un besoin des plus impérieux.

Se procurer une aisance, au moins apparente, se rendre la vie facile en s'appropriant le bien d'autrui, est une pensée des plus séduisantes, à laquelle on peut se laisser entraîner sans songer au revers de la médaille, c'est le cas de la plupart des joueurs qui emploient leur temps et leurs facultés à vouloir se faire une existence luxueuse et qui finissent, tôt ou tard, par se ruiner complètement, sans avoir rien produit d'utile, ni pour eux ni pour les autres.

Or, la combinaison qu'il s'agit de mettre en pratique a pour objet, sinon de les enrichir personnellement, outre mesure, mais d'employer les sommes qu'ils perdent au jeu, à féconder des éléments qui produiront des nouvelles richesses dont ils seront, naturellement, les premiers à profiter.

Les joueurs qui seront membres de la Société générale de production pourront satisfaire leurs goûts sans danger ;

c'est-à-dire, en évitant les conséquences trop souvent
fâcheuses auxquelles ces goûts les entraînent ; ils pourront
dédaigner la critique malhonnête et malveillante et s'affran-
chir des sévérités de l'autorité trop souvent disposée à
faire de l'arbitraire.

L'idée de contrôler le gain et la perte des joueurs pour
que l'argent perdu soit employé à des opérations produc-
tives, au profit des perdants, est indiquée pour la première
fois ici ; or, cette idée principale, et toutes celles accessoires qui pourront en être la conséquence, sont dès à
présent la propriété *proprius* de celui qui l'a élaborée de
façon à la rendre praticable.

La combinaison dont il s'agit est plus spécialement
applicable aux jeux où il y a un banquier et des pontes.

Tout joueur qui veut profiter des avantages attribués
aux perdants doit verser au banquier la somme qu'il des-
tine au jeu, il lui est délivré, contre ce versement, des
jetons représentant la totalité de cette somme et sur
lesquels est le mot JEU ; c'est avec ces jetons qu'il ponte.
S'il perd, le banquier les ramasse et lui donne en échange
d'autres jetons sur lesquels est le mot PERDU, s'il gagne
le banquier le paie avec des jetons sur lesquels est le mot
GAGNÉ, en lui laissant les jetons sur lesquels est le
mot JEU, et quand un joueur veut cesser de jouer, le
banquier lui donne des espèces contre ces deux catégories
de jetons qui représentent, l'une l'argent qu'il a versé,
l'autre son gain ; dans ce cas le banquier retiendra le
tiers des gains pour être versé à la Société générale de
production qui les emploiera aux diverses opérations
pour lesquelles elle est fondée. Si le joueur qui veut cesser
de jouer n'a que des jetons portant le mot PERDU, le
banquier lui remettra en échange de ces jetons des titres
de sociétaire pour une somme égale au tiers de ses pertes.

Il résulte de cette combinaison qu'à l'avenir les pertes
faites aux jeux improductifs pourront être considérées,
avec raison, comme une semence qui peut produire une
abondante récolte.

On pourra, ainsi, réduire à néant les préjugés contre les jeux dits de hasard et prouver, qu'au point de vue de l'utilité publique ils peuvent avoir une sérieuse importance restée inaperçue jusqu'ici.

Afin d'éviter toute confusion ou erreur, on devra se servir de jetons sur lesquels seront très apparents les mots : un franc, ou cinq francs, ou vingt francs, etc., selon la monnaie d'or ou d'argent qu'on veut représenter ; chaque joueur peut même avoir des jetons portant son nom ou une marque spéciale à lui, et je suis convaincu de pouvoir arriver à rendre la tricherie impossible.

Supposons maintenant deux joueurs voulant faire un pari ou une partie d'écarté ou de piquet ; ils devront déposer la somme qu'ils destinent au pari, ou au jeu, entre les mains d'un tiers qui leur délivrera des jetons et fera l'office de banquier pour le compte de la Société générale de production.

Il va sans dire que le moyen de contrôler les pertes peut être modifié et varier, selon l'espèce de jeu et le nombre des joueurs ; on peut même former une Société spéciale pour exploiter cette conception, dont le but évident est de rendre productif ce qui ne l'est pas, et de rendre utile ce qui est nuisible.

Il va sans dire aussi, qu'à l'avenir, chacun reste libre de pratiquer les jeux improductifs comme dans le passé ; mais alors les entrepreneurs de jeux et les joueurs n'auront plus de motif pour se plaindre, et on sera fondé à dire qu'ils s'obstinent à être une plaie sociale, quand ils pourraient être la cause de nombreux bienfaits pour eux et pour les autres.

Je suis persuadé que les directeurs de cercles, de casinos, les joueurs, etc., comprendront qu'il est de leur intérêt de profiter des avantages que leur offre la Société générale de production.

Extrait des Statuts de la Société générale de production

~~~~~~

Il est formé une Société entre Mr E. F. Oudry, d'une part, et d'autre part les personnes qui, après avoir pris connaissance du programme qui précède, voudront devenir sociétaires, et qui, à cet effet, se procureront un ou plusieurs exemplaires de la présente brochure, une ou plusieurs parts d'intérêt, ou une ou plusieurs coupures de ces parts ou des valeurs modernes.

Aucun sociétaire n'est engagé au-delà de la somme qu'il lui convient de débourser.

La Société est en participation et elle pourra prendre une autre forme sur l'avis de la majorité des sociétaires.

Le capital de fondation est de *quatre millions de francs*, représenté par 4,000 parts d'intérêt de 1,000 francs.

Chaque part d'intérêt est divisée en 40 coupures de 25 francs.

La Société a principalement pour objet l'exécution du programme qui précède, néanmoins elle pourra faire toutes opérations industrielles, commerciales, financières, etc., se rattachant à la publication des brochures ou qui pourront en être la conséquence.

Ces brochures, qui seront l'organe de la Société et des intérêts des sociétaires, seront édité en plus ou moins grand nombre selon que l'émission des parts d'intérêt ou coupures en fournira les moyens.

Tous les possesseurs de parts d'intérêt ou de leurs coupures de valeurs modernes ou de leurs coupons, ou d'une ou de plusieurs brochures, sont sociétaires ; tous ont des droits proportionnels au montant des parts ou coupures, valeurs ou coupons, ou brochures, dont ils sont porteurs.

Tout sociétaire a le droit de faire telle proposition, ou

telle communication qui pourrait être sérieusement utile aux intérêts de la Société ; ces communications ou propositions devront être formulées par écrit et, s'il y a lieu, elles seront soumises à tous les autres sociétaires, pour qu'il soit statué ensuite selon l'avis de la majorité.

S'il s'agit d'une idée ou invention nouvelle il sera constaté qu'elle est la propriété de son auteur.

Si une proposition est acceptée par les deux tiers des sociétaires elle sera obligatoire pour tous les autres, elle sera nulle dans le cas contraire.

M. Oudry apporte à la Société : ses conceptions, ses travaux, ses soins, les documents qu'il a réunis, etc.

La Société générale de production étant fondée par M. Oudry il en sera l'administrateur principal, il dirigera les opérations avec le concours d'un conseil d'administration composé de plusieurs membres, dont le nombre n'est pas limité et parmi lesquels il désignera son successeur.

Les membres du conseil d'administration seront dépositaires chacun d'une partie des fonds sociaux.

L'administration emploira tous les moyens à sa disposition pour répandre les publications de la Société, afin de faire comprendre au public les avantages pouvant résulter de l'usage des valeurs modernes ; il sera créé dans chaque ville un comité pour propager cet usage afin de réunir des capitaux pour être employés conformément à ce qui suit :

Le capital de fondation, c'est-à-dire celui provenant de l'émission des parts d'intérêt ou de leurs coupures, sera employé à la publication des brochures et à tous les frais, généralement quelconques, nécessités pour atteindre le but de la société.

Le capital formé par l'émission des valeurs modernes sera employé :

1° A expérimenter des inventions ou conceptions nouvelles présentant des probabilités de succès et d'avantages sérieux.

2° A secourir les victimes de catastrophes, de calamités,

de misères, de fléaux de toutes sortes dont l'humanité est trop souvent affligée ; à réparer les pertes, les dommages, les préjudices quelconques auxquels chacun est exposé.

Les sociétaires seront secourus et indemnisés de droit proportionnellement au montant des coupons de valeurs modernes dont ils seront porteurs.

Les victimes non sociétaires seront secourues selon la décision du Conseil d'administration.

Tous les ans, après le prélèvement des sommes nécessaires pour ce qui vient d'être dit, le surplus du produit de l'émission des valeurs modernes sera réparti à titre de dividende.

50 % au capital de fondation.

30 % aux porteurs de coupons d'acheteurs des valeurs modernes.

20 % aux porteurs de coupons de vendeurs.

Les bénéfices produits par l'exploitation des inventions nouvelles réalisées avec les fonds fournis par la Société seront répartis :

50 % à l'inventeur.

25 % au capital de fondation.

15 % aux porteurs de coupons d'acheteur des valeurs modernes.

10 % aux porteurs de coupons de vendeur.

Les inventeurs pourront se libérer de cette redevance à des conditions qui seront examinées ultérieurement.

ENCORE LES VALEURS MODERNES

Les valeurs modernes sont transmissibles comme la monnaie de métal ; elles sont émises pour la moitié du chiffre qu'elles représentent, c'est-à-dire que l'on en reçoit pour une somme double de celle que l'on débourse pour s'en procurer, elles produisent donc un bénéfice de 100 % à quiconque s'en sert pour acheter les choses dont il a besoin, et il faut surtout remarquer que ce bénéfice est insignifiant, en raison des autres avantages auxquels les coupons, de ces valeurs donnent droit de participer.

La création, l'émission et l'application de ce genre de valeurs, dont la forme, la rédaction, le chiffre et le nombre de coupons peuvent varier selon les applications diverses qu'on en peut faire, constituent un système basé sur une idée qui est la propriété de l'auteur et qu'il apporte à la Société générale de production fondée par lui ; nul n'a le droit, sans faire partie de cette Société, de s'approprier les avantages pouvant résulter de l'imitation directe ou déguisée de tout ou partie de ce système, sans manquer au respect que chacun doit à la propriété d'autrui.

Les producteurs, les commerçants se servent de cartes d'adresse et de prospectus pour faire connaître leurs maisons, leurs produits, etc.; ces cartes ou prospectus peuvent être transformés en valeurs modernes, c'est-à-dire en titres de participation aux avantages de la Société générale de production ; l'administration de la Société se charge de cette transformation, et les producteurs ou commerçants pourront ainsi faire par eux-mêmes, et pour eux-mêmes, une émission spéciale de valeurs modernes, indiquant leur adresse, leur profession, etc., ce qui sera certainement plus profitable que les cartes ou prospectus ordinaires.

Les valeurs modernes sont générales ou spéciales, en voici quelques spécimens.

VALEURS — MODERNES

Deux francs — Deux francs

AU PORTEUR — AU PORTEUR

La présente valeur sera acceptée | en paiement à valoir sur vingt francs
de marchandises, dont le surplus | sera payé en espèces.

Ces marchandises consistent en | vins fins et ordinaires de diverses
provenances et liqueurs de toutes | sortes qui auront été livrées au
porteur en une ou plusieurs fois par | la Maison _____
rue _____ | n° _____ à Nice.

Lorsque la livraison est faite en | tout ou partie la présente valeur
sera divisée en deux de manière que | le vendeur et l'acheteur aient chacun
leur coupon.

Les valeurs et les coupons sont | nuls sans le timbre de la **Société**
générale de production ou le | visa du contrôleur.

VALEURS MODERNES **deux francs** COUPON D'ACHETEUR

Ce coupon donne droit à une participation proportionnelle dans les avantages généraux que présente la **Société générale de production** et dans les 45 % de dividende attribués aux coupons d'acheteur.

VALEURS MODERNES **deux francs** COUPON DU VENDEUR

Ce coupon donne droit à une participation proportionnelle dans les avantages généraux que présente la **Société générale de production** et dans les 30 % de dividende attribués aux coupons de vendeur.

VALEURS MODERNES

Cinq francs
AU PORTEUR

Cette valeur représente une réduction sur le prix de choses que chacun a besoin d'acheter pour sa consommation, son industrie, son commerce, etc.

Cette réduction sera déterminée d'après un prix courant déjà établi, ou à l'amiable entre le vendeur et l'acheteur, et le surplus devra être payé selon convention entre eux.

Lorsque la livraison est faite en tout ou partie, on divisera la présente valeur en deux, de manière que le vendeur et l'acheteur aient chacun leur coupon.

Les valeurs et les coupons sont nuls sans le timbre de la **Société générale de production** ou le visa du contrôleur.

VALEURS MODERNES **cinq francs** COUPON D'ACHETEUR

Ce coupon donne droit à une participation proportionnelle dans les avantages généraux que présente la Société générale de production et dans les 45 % de dividende attribués aux coupons d'acheteur.

VALEURS MODERNES **cinq francs** COUPON DE VENDEUR

Ce coupon donne droit à une participation proportionnelle dans les avantages généraux que présente la Société générale de production et dans les 30 % de dividende attribués aux coupons de vendeur.

VALEURS MODERNES

Dix francs

AU PORTEUR

La présente valeur sera acceptée quante francs de dépenses faites à

Le surplus devra être payé en sera divisée en deux de manière chacun leur coupon.

Les valeurs et les coupons sont **générale de production** ou le

Dix francs

AU PORTEUR

en paiement à valoir sur cent cin- l'hôtel de _____

espèces après quoi la présente valeur que le vendeur et l'acheteur aient

nuls sans le timbre de la **Société** visa du contrôleur.

VALEURS MODERNES **dix francs** COUPON D'ACHETEUR

Ce coupon donne droit à une participation proportionnelle dans les avantages généraux que présente la Société générale de production et dans les 45 % de dividende attribués aux coupons de vendeur.

VALEURS MODERNES **dix francs** COUPON DE VENDEUR

Ce coupon donne droit à une participation proportionnelle dans les avantages généraux que présente la Société générale de production et dans les 30 % de dividende attribués aux coupons d'acheteur.

SPÉCIMEN DE VALEURS MODERNES GÉNÉRALES

VALEURS MODERNES
Un franc
AU PORTEUR

Cette valeur représente une réduction sur le prix de toutes choses de nécessité, de fantaisie ou de luxe, dont on fait l'achat ou la location.

Cette réduction peut varier de 1 à 30 % et selon l'espèce de choses, elle sera déterminée d'après un prix courant déjà établi ou à l'amiable entre le vendeur et l'acheteur ; alors, celui-ci remet à celui-là un ou plusieurs des coupons ci-dessous, et le surplus est payé selon convention.

La présente valeur est le coupon d'acheteur, elle donne droit à une participation proportionnelle dans les avantages généraux que présente la **Société générale de production** et dans les 45 % de dividende attribués à ces coupons.

Les valeurs et les coupons sont nuls sans le timbre de la Société ou le visa du contrôleur.

VALEURS MODERNES **25 centimes** COUPON DE VENDEUR

*Ce coupon donne droit à une participation proportionnelle dans les avantages généraux que présente la **Société générale de production** et dans les 30 % de dividende attribués aux coupons de vendeur.*

VALEURS MODERNES **15 centimes** COUPON DE VENDEUR

*Ce coupon donne droit à une participation proportionnelle dans les avantages généraux que présente la **Société générale de production** et dans les 30 % de dividende attribués aux coupons de vendeurs.*

VALEURS MODERNES **10 centimes** COUPON DE VENDEUR

*Ce coupon donne droit à une participation proportionnelle dans les avantages généraux que présente la **Société générale de production** et dans les 30 % de dividende attribués aux coupons de vendeur.*

VALEURS MODERNES **5 centimes** COUPON DE VENDEUR

*Ce coupon donne droit à une participation proportionnelle dans les avantages généraux que présente la **Société générale de production** et dans les 30 % de dividende attribués aux coupons de vendeur.*

Valeur Moderne

AU PORTEUR

Il est acquis au porteur de la présente valeur une réduction sur le prix de titres de parts d'intérêt ou coupures représentant le capital de fondation de la **Société générale de production**.

Cette réduction de prix est de 80 francs par chaque titre de part d'intérêt et de 2 francs par chaque titre de coupure, le surplus de cette réduction devra être payé en espèces.

La présente valeur étant au porteur elle peut être cédée avec tous les droits qu'elle comporte, c'est celle qui est indiquée sur la couverture de la brochure et elle sera nulle si elle en est détachée.

Les valeurs et les titres sont nuls sans le timbre de la Société ou le visa du contrôleur.

NUMÉROS D'ORDRE DES COUPURES

1	11
2	12
3	13
4	14
5	15
6	16
7	17
8	18
9	19
10	20

21	31
22	32
23	33
24	34
25	35
26	36
27	37
28	38
29	39
30	40

AVIS

Les quelques pages de cette brochure ne sont que des préliminaires pour fonder la Société générale de production; quoique les idées, les principes, qui en font la base ne soient indiqués ici que très succinctement, j'ai la conviction inébranlable qu'il se trouvera un assez grand nombre de gens loyaux, intelligents et vigilants, pour concourir a l'honneur d'avoir créé une œuvre dont la haute utilité est incontestable.

Les publications qui suivront celle-ci feront mieux voir l'importance qui s'attache à la création de la' *Société générale de production*; des explications plus étendues, plus détaillées, plus précises, feront connaître des moyens nouveaux, qui seront de mieux en mieux appréciés, à mesure que l'on avancera dans la voie tracée.

La Société générale de production est une œuvre des plus fécondes en résultats utiles, elle est fondée sur des bases nouvelles profitables à tous et sans danger pour personne; chacun est donc, d'abord intéressé à devenir sociétaire, puis ensuite à faire ses efforts pour accroître le nombre des associés.

C'est ainsi que l'on peut concourir à la prospérité de la Société, et en même temps, contribuer soi-même à augmenter ses propres chances de gain.

Supposons qu'un sociétaire vende cinq brochures, supposons que les cinq personnes qui les auront achetées fassent la même opération, il y aura dès lors vingt-cinq sociétaires intéressés à faire encore cette même opération.

Si on multiplie ces vingt-cinq par cinq il y aura cent-vingt-cinq sociétaires ayant le même intérêt à faire la même chose, etc., etc.

Supposons maintenant que le même procédé soit employé pour la vente des titres de parts d'intérêt, que la même propagande se fasse de même pour les valeurs modernes, et l'on comprendra qu'il suffit d'un peu de vigilance et de bon vouloir, pour concourir à fonder la **Société générale de production**, destinée à réaliser les grandes et les petites chimères, les belles utopies, que les publications de conceptions nouvelles feront connaître, et qui ont pour but d'embellir le domaine de l'humanité.

C'est donc en réalité des efforts individuels que dépend le succès de l'œuvre générale créée dansl'intérêt de tous.

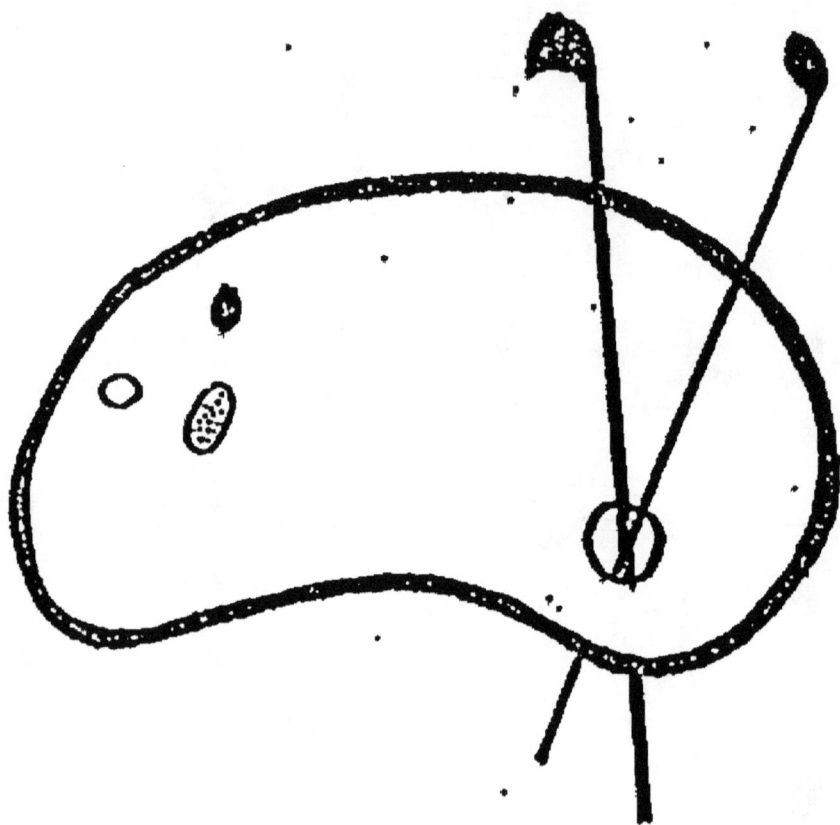

ORIGINAL EN COULEUR
NF Z 43-120-8

www.ingramcontent.com/pod-product-compliance
Lightning Source LLC
Chambersburg PA
CBHW050527210326
41520CB00012B/2473